wild amanda laura carrique

MON PETIT ORACLE DES LUNES

38 CARTES ET UN LIVRE POUR PRÉDIRE ET ÉCLAIRER L'AVENIR

NOUVELLES ÉNERGIES

SOMMAIRE

LUNES DE VIE

La lune est l'astre le plus proche de la Terre et probablement le plus sacré ; celui qui, depuis les premiers humains, nourrit tous les fantasmes, toutes les prières et tous les espoirs. Le point de départ de tant de mythes et de légendes. La lune est insaisissable, changeante, tour à tour pleine, claire et lumineuse, entourée d'un voile ou d'un halo orangé...

Elle est si puissamment présente dans notre vie que lui demander son aide est une évidence. Elle a une réelle influence sur notre environnement : on taille les arbres et on plante les graines en fonction du calendrier lunaire ; elle a un impact sur la faune, rendant plus affutés les animaux nocturnes ; elle est liée aux marées. L'être humain étant composé à 60 % d'eau, est-il surprenant que nous soyons si réceptif·ve·s à son pouvoir ? De fait, elle agit sur nos comportements : ne dit-on pas que certain·e·s d'entre nous sont « lunatiques », ou plus nerveux·ses lorsque la lune est pleine, par exemple ?

LE CYCLE LUNAIRE

Cet astre fait le tour de la terre en 29,5 jours. Ce cycle lunaire, ou lunaison, est composé de huit phases qui, chacune à leur façon, interagissent avec nous, nous envoyant des signes que nous pouvons décrypter si nous sommes « connecté.e.s ». Ces phases sont la nouvelle lune, le premier croissant, le premier quartier, la lune gibbeuse croissante, la pleine lune, la lune gibbeuse décroissante, le dernier quartier et le dernier croissant.

On dit généralement qu'on « construit » durant la lune croissante et qu'on « déconstruit » durant la lune décroissante. Mais les deux temps majeurs du cycle sont la nouvelle lune et la pleine lune. La première symbolise le commencement, elle correspond au moment où l'astre disparaît dans le ciel ; la seconde marque l'apogée de l'astre et de sa puissance : c'est le moment ou nos « intentions » (nos prières à l'Univers) peuvent se réaliser.

Cet oracle a pour but de te guider et de t'aider à avancer au rythme des différentes phases de la lune : tu sauras quel est le meilleur moment pour entreprendre des projets, pour y réfléchir, pour te recentrer ou bien prendre du recul.

La nuit en images

Wild Amanda a depuis toujours une connexion particulière à la lune, présente dans presque chacune de ses illustrations. Nul ne sait mieux qu'elle saisir la magie de cet astre sacré. À la représentation des différentes phases de la lune s'ajoutent les quatre saisons, qui rythment nos cycles de vie. Viennent aussi les animaux nocturnes : la luciole, le lynx, la salamandre... Enfin, tu découvriras les déesses lunaires – les dieux appartiennent au soleil ; les déesses sont rattachées à la lune. Ces femmes puissantes sont le reflet de la nature humaine dans toute sa complexité et seront de bon conseil.

POUR UTILISER CET ORACLE...

Nous te proposons quelques idées de tirages correspondant à des demandes et attentes différentes. Mais tu peux procéder autrement, rechercher la façon de tirer les cartes qui te plaît et même te créer ton propre rituel. L'important est que tu t'appropries cet oracle.

✧ Inspiration pour la journée

Le matin, salue la lune si elle est toujours visible. Concentre-toi, fais silence, c'est ton moment à toi... Pioche une carte : elle te donnera l'inspiration du jour. N'hésite pas à la garder toute la journée avec toi !

✧ Tirage à une carte

Installe-toi au calme. Pose à tes côtés les cartes préalablement mélangées. Ferme les yeux, respire profondément et pose mentalement une question qui te concerne. Pioche une carte au hasard. Observe bien l'illustration, puis lis le texte qui s'y rapporte. Sois attentif·ve à ton ressenti et vois comment tu peux tirer parti de ces enseignements.

✧ Tirage à trois cartes

Concentre-toi de la même façon que pour le tirage à une carte. Pense très fort à un aspect de ta vie que tu souhaites interroger. Pioche trois cartes à l'instinct, observe-les et lis les textes associés. Enfin, demande-toi comment ces cartes se complètent et font écho à ton questionnement.

1

NOUVELLE LUNE

**UNE FOIS PAR MOIS,
LA LUNE DISPARAÎT DANS LE CIEL
ET DEVIENT COMME INVISIBLE.**

La nouvelle lune est un phénomène étrange et pourtant rassurant car synonyme de nouveau départ. La lune est alors parfaitement alignée avec le Soleil et la Terre : le côté de la lune qu'on voit depuis notre planète est ainsi entièrement dans l'obscurité. Il ne faut pas être effrayé·e par cette absence de lumière, au contraire ! La nouvelle lune libère une énergie qui va t'aider à y voir clair dans tes objectifs. L'obscurité peut être une porte vers toutes les possibilités…

Alors que la pleine lune, que tu peux retrouver p. 24, signe la fin d'un cycle, la nouvelle lune t'aide à regarder vers l'avenir. Elle marque le début d'un nouveau cycle lunaire ; avec lui, commence peut-être une nouvelle existence ! La nouvelle lune symbolise la deuxième chance.

C'est le moment de faire tes « vœux de la nouvelle lune », autrement dit de fixer les intentions, c'est-à-dire les objectifs, que tu aimerais voir se réaliser. Recherche, préparation, planification… Cette phase marque le temps de tous les commencements : la lune est là et grandira de nouveau !

Au jardin, le temps est venu de semer des graines, de récolter ou de faire des boutures. Dans ta vie professionnelle, la nouvelle lune est propice au lancement de nouveaux projets. Dans ta vie personnelle, c'est l'occasion de réveiller ton couple. Et si tu souhaites un enfant, c'est la période idéale pour tomber enceinte…

Formule tes vœux lunaires et fais-le de façon précise. En les envoyant à l'Univers pendant la nouvelle lune, tu influeras sur ton subconscient et solliciteras la force de l'astre. Quinze jours après la nouvelle lune, la pleine lune viendra et apportera peut-être l'accomplissement de tes vœux. Lorsque certains de tes projets aboutissent, demande-toi d'ailleurs à quel moment ils ont été entrepris. Il y a de fortes chances pour qu'ils l'aient été au moment de la nouvelle lune…

Mon rituel

Je te propose un rituel de protection à effectuer à l'extérieur, dans un jardin ou en pleine nature, de préférence dans les sept heures qui suivent l'apparition de la nouvelle lune : c'est à ce moment que l'énergie est la plus puissante et la plus positive.

Mets-toi pieds nus dans l'herbe de façon à bien t'ancrer dans le sol. Regarde la lune et pose ta main gauche sur ton cœur. Comme un comédien qui déclame, et même si cela peut paraître théâtral, lève la paume de ta main droite en direction de la lune. Exprime ton vœu le plus cher à haute voix et répète-le sept fois. Par exemple : « Lune, toi qui es si lumineuse et si puissante, je te demande… » Exprime ensuite un vœu de protection, qui ne s'appliquera pas qu'à toi, et prononce-le sept fois également : « Merci, chère lune, de protéger la vie et la paix sur Terre et de me protéger comme je le mérite, si je le mérite. »

Tes souhaits terminés, ferme les yeux et remercie la lune. Sens l'herbe sous tes pieds, la nature autour de toi, prends conscience que l'Univers est un tout et que tu en fais partie.

PREMIER CROISSANT

TROIS À SEPT JOURS
APRÈS LA NOUVELLE LUNE,
LA LUNE LAISSE APPARAÎTRE
LE PREMIER CROISSANT.

Des premières lueurs émergent, synonymes de confiance. La lune dessine alors un C à l'envers. Si l'on s'amuse à fermer ce C avec l'index ou un crayon placé à la verticale se dessine alors un P – comme le P de « premier croissant ».

Le premier croissant de lune est comme un premier palier: la lune commence sa croissance, sa lumière augmente petit à petit. Elle est en phase montante, c'est-à-dire qu'elle commence à rassembler ses énergies bénéfiques et ses essences spirituelles qui l'aideront à atteindre la pleine puissance dans les jours qui suivent.

C'est une phase sans turbulences, mais durant laquelle tu dois rester concentré·e sur tes vœux. C'est le moment de profiter de ces énergies qui accompagnent tes intentions et les renforcent, de travailler ta confiance en toi, de réfléchir à ce que tu veux vraiment, de visualiser tes projets à venir. Pourquoi les visualiser? Parce qu'il ne s'agit plus seulement de rêver mais d'envoyer comme un message à l'Univers. « Demande et l'on te donnera. » Accroche-toi, et tes efforts seront récompensés. Si ta demande est juste, claire, précise et qu'elle œuvre pour le bien de tous, il y a des chances que la lune mette sur ton chemin ce qui te permettra de réaliser tes projets.

Mon rituel

Commence par visualiser tes intentions. Comme le font les grands sportifs, crée une image mentale du résultat que tu veux obtenir, imagine l'état de joie que te procurera la réalisation de cet objectif.

Pour rendre les choses plus concrètes, tu peux créer un « tableau de visualisation ». Sur une grande feuille ou un panneau, colle des photos, des images, des dessins, écris des petits mots représentant ce que tu veux voir se réaliser. Lorsque ton tableau est achevé, installe-le dans une pièce que tu aimes ou sur un meuble que tu affectionnes tout particulièrement. Certaines personnes le positionnent près de leur lit, de façon à ce que ce soit la dernière chose qu'elles visualisent avant de se coucher. Tu peux aussi prendre ton tableau en photo, puis le mettre en fond d'écran sur ton ordinateur. L'essentiel est que tu passes du temps devant ce tableau : projette-toi.

Ferme les yeux, respire profondément, imagine… Par exemple, si tu veux faire un voyage et aller sur cette plage dont tu as collé la photo, imagine que tu t'y trouves. Pense au soleil qui te réchauffe, à tes pieds dans le sable, au clapotis de l'eau qui te berce… Imagine les gens qui te sont chers autour de toi. Vis les émotions que ce projet te procure.

Mais garde à l'esprit ceci : pour que la lune te fasse profiter de son premier croissant et t'aide, il faut que tes demandes soient justes, c'est-à-dire bénéfiques pour toi et pour les autres. Il faut aussi qu'elles soient précises (« devenir riche » ne suffit pas !). Il faut que tu les formules de façon positive, tel que « Je veux réussir à bien parler en public » et non pas « Je ne veux plus bafouiller en public. » L'Univers contribue aux demandes qui sont bien exprimées.

3

PREMIER QUARTIER

LE PREMIER QUART DE LUNE ARRIVE SEPT À DIX JOURS APRÈS LA NOUVELLE LUNE.

Vue de la Terre, une moitié seulement de la surface visible de la lune est éclairée par le Soleil, elle est à moitié pleine. Cela s'explique par le positionnement de la Terre, du Soleil et de la lune, qui forment un angle droit, la lune étant dans l'angle droit : on dit qu'elle est en quadrature. Elle entre en conflit avec le Soleil ; l'énergie qu'elle dégage est donc conflictuelle. Si tu es réceptif·ve à la lune, c'est pour cette raison que tu peux être agité·e ou fatigué·e, ton sommeil troublé.

Vois le premier quartier de lune comme un rite de passage. Il va tester ta détermination. Tu peux rencontrer des obstacles, te heurter à des conflits, être tenté·e de renoncer à ces projets que tu as exprimés lors du premier croissant... Mais n'abandonne pas, persévère ! Analyse la situation dans laquelle tu te trouves et tente de trouver une solution. As-tu toujours autant envie que tes vœux de nouvelle lune se réalisent ? Si oui, mets à profit les difficultés que tu rencontres en les voyant comme une opportunité d'aiguiser tes envies. Si non, laisse tomber celles qui te demandent des efforts insurmontables ou qui ne présentent pas d'intérêt. Concentre-toi sur celles qui te correspondent vraiment.

Le premier quartier sert à se concentrer sur les « bonnes » intentions. Il te permet d'accélérer le rythme pour les choses qui en valent la peine, de mettre à profit l'élan qui t'est offert. C'est l'occasion de mettre en place tes actions et de les consolider pour concrétiser tes intentions.

À cette étape du cycle, la lune est toujours croissante, ce qui signifie que les énergies qu'elle renferme sont en train de monter en puissance pour arriver au sommet, au point culminant.

Accompagne la lune, profite de sa puissance pour monter toi aussi en puissance.

Mon rituel

Pour qu'il soit plus efficace, ce rituel est à réaliser dans les deux jours qui suivent l'apparition du premier quartier.

Un soir ou une nuit, installe-toi dans une pièce calme et seulement éclairée par la lune. Sur le sol, représente un demi-cercle (tu peux le délimiter avec une ficelle, des tissus roulés…). Allume une bougie, de préférence marron, car cette couleur attire la prospérité, et rassemble autour de toi des objets qui te sont chers et te font te sentir bien : des bijoux, des cristaux, des parfums que tu aimes… Place ces objets là où ton intuition te dit de les déposer.

Aie en tête ton intention, puis regarde chaque objet comme s'il t'en rapprochait. Concentre-toi sur une seule intention plutôt que sur plusieurs ; elle aura ainsi davantage de chance de se réaliser. Regarde la flamme de la bougie, puis ferme les yeux et prends 30 respirations profondes. Visualise ton projet et réfléchis comment faire pour qu'il aboutisse. Imagine la meilleure façon de le mettre en œuvre et demande humblement à l'Univers de t'aider. Reste concentré.e pendant plusieurs minutes. Tu es paisible, conscient·e de la puissance de la lune et de sa progression tranquille.

Ta méditation terminée, tu peux photographier ton cercle. Tu pourras ainsi imprimer l'image pour la garder avec toi afin de la regarder souvent et de t'en imprégner le soir avant de te coucher.

4

LUNE GIBBEUSE CROISSANTE

DERNIÈRE PHASE AVANT LA PLEINE LUNE,
ELLE SURVIENT
ENTRE LE 10^{E} ET LE 14^{E} JOUR
APRÈS LA NOUVELLE LUNE.

Le terme « gibbeuse » vient du latin *gibbum*, qui signifie « arrondi ». La lune est plus qu'à moitié pleine et continue de grossir. De façon symbolique, la lune gibbeuse croissante promet la vie, annonce la naissance de projets, de nouvelles opportunités, l'abondance qui peut arriver… Or, plus la lune s'arrondit, plus elle brille, plus ses pouvoirs sont décuplés. Elle irradie… Profite de ses énergies, qui deviennent de plus en plus puissantes.

Encore un peu de patience, plus que deux ou trois jours : nous sommes à mi-chemin d'une route qui conduit à la pleine lune, à la moitié d'un cycle, dans une sorte de transition. La Lune gibbeuse croissante correspond à cette phase du cycle lunaire où tu peux te recentrer sur toi et sur tes souhaits.

C'est le moment de renforcer tes vœux et d'affiner ta stratégie pour réaliser les rituels et les projets engagés lors du premier quartier. C'est aussi le bon moment de travailler au potager, de faire des plantations, au sens propre comme au figuré : en bref, pour démarrer quelque chose, car c'est un temps d'expansion. On sent la pleine lune arriver, on passe à la vitesse supérieure, on déborde d'idées, de projets ; tout est possible ! L'énergie de la lune, qui était douce et yin jusque-là, devient une énergie yang, plus tonique : il est temps d'agir !

Néanmoins, gare au stress : le fait de te sentir plus fort·e et mieux armé·e ne doit pas t'empêcher de te pencher une dernière fois sur tes intentions ou tes investissements. Tu y es presque, certes, mais il te reste encore un petit bout de chemin à parcourir. Examine tes projets en détail, étudie leur faisabilité ; c'est le bon moment pour procéder aux derniers ajustements. En cadrant ou recadrant tes plans maintenant, tu auras encore plus d'énergie et de force pour la phase suivante.

Veille aussi à rester attentif·ve : tandis que la lune grandit, tes émotions deviennent plus intenses, tes sens sont exacerbés. L'Univers t'envoie des signaux : perçois les opportunités qu'il met sur ton chemin.

Mon rituel

C'est le moment d'entreprendre un rituel de croissance. La lune croissante amplifie les marées ; elle peut aussi porter tes projets.

Installe-toi au calme, à la lumière d'une bougie. Écris sur des morceaux de papier ton ou tes projets, l'idéal étant de n'en évoquer qu'un ou deux, car plus il y a d'intentions, plus l'énergie de la lune se disperse. Ferme les yeux et serre ces papiers dans tes mains en demandant très fort à l'Univers de t'aider à les réaliser. Ensuite, immerge-les dans un récipient rempli d'eau. Place-le dehors, exposé à la lumière de la lune, durant toute la nuit. Et dis-toi que tu n'as jamais été aussi prêt·e de voir tes vœux lunaires se réaliser.

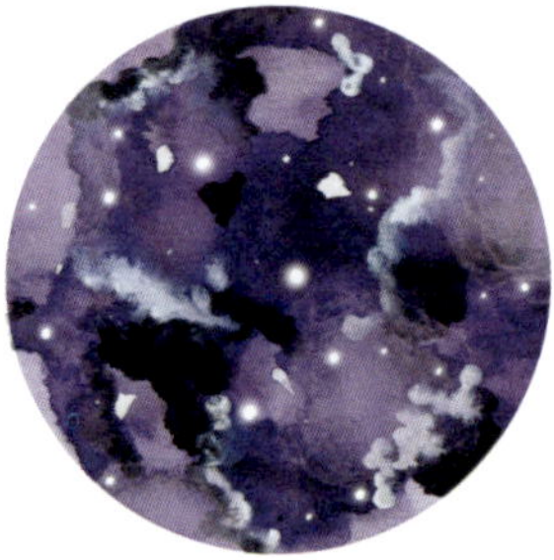

5

PLEINE LUNE

LA PLEINE LUNE SURVIENT ENTRE LE 15^{E} ET LE 18^{E} JOUR DURANT LE CYCLE LUNAIRE : LA TERRE, LE SOLEIL ET LA LUNE SONT QUASIMENT ALIGNÉS.

On a l'impression que la lune est éclairée par le Soleil – on n'en voit pas la face cachée, restée dans l'ombre. Quel plus bel instant que celui-là, lorsque la lune est à son apogée, au summum de sa puissance ? C'est à ce moment que tu peux te remplir de son énergie, récolter les fruits de ton travail et du temps passé à forger tes projets.

La lune semble alors parfaitement lisse, ronde et puissamment lumineuse. Elle peut perturber ton sommeil, en raison de l'intensité de la lumière émise dans les premières heures de la nuit. Elle est si forte que ta sensibilité peut être exacerbée, et ta capacité psychique décuplée. Certaines personnes deviennent irritables, anxieuses, stressées… De fait, la lune agit sur tout notre corps, même sur notre cerveau. Et, contrairement à une idée reçue, elle n'affecte pas spécialement les femmes ; elle a des effets sur tout le monde.

Ses autres effets sont positifs : la pleine lune correspondant à une fin de cycle, c'est le moment pour toi de faire le bilan, de te fixer de nouveaux objectifs. Tes vœux se sont-ils réalisés ? Si oui, exprime ta gratitude à la lune. Si non, dis-toi que tu n'étais pas encore prêt·e. Ton jour viendra lorsque la synchronisation sera parfaite et que toutes tes planètes seront alignées.

N'hésite pas à purifier et à recharger tes pierres, tes pendules, tes cartes de tarot : dépose-les à l'extérieur ou près d'une fenêtre pour qu'ils puissent bénéficier de l'éclairage de la pleine lune.

Et n'oublie pas : la pleine lune est la période la plus propice qui soit pour méditer ou travailler ta spiritualité, être plus attentif·ve à tes besoins, être à l'écoute de ton corps. La grande sensibilité qu'elle provoque en fait aussi un moment favorable pour exprimer ton amour pour tes proches et ta gratitude. Enfin, c'est l'occasion de se réunir en communauté pour libérer ensemble les énergies négatives.

Mon rituel

Installe-toi en fin de journée dans une pièce calme, à la lumière douce. Diffuse des huiles essentielles et allume une bougie. Ta séance de libération énergétique peut commencer…

Écris sur des morceaux de papier les choses dont tu souhaites te libérer : souvenirs douloureux, peurs, traumatismes… Par exemple : « Je m'éloigne des personnes qui m'empêchent de m'épanouir » ou « Je décide d'être à l'écoute de mon corps et de faire passer mon bien-être en priorité. » Brûle ensuite ces papiers et regarde la fumée s'envoler comme si toutes ces mauvaises choses s'échappaient de ton existence.

À la fin du rituel, remercie-toi d'avoir pris du temps pour toi, pense que tu repars sur de nouvelles bases, ferme les yeux et visualise le positif entrer en toi. N'éteins pas la bougie ; laisse-la brûler toute la nuit.

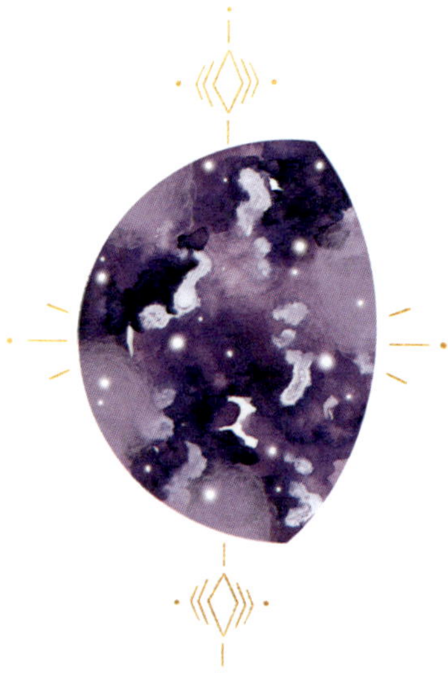

6

LUNE GIBBEUSE DÉCROISSANTE

DEUX OU TROIS JOURS APRÈS LA PLEINE LUNE,
LA LUNE ENTAME SA DÉCROISSANCE
ET FORME COMME UN « D »
DANS LE CIEL.

Sa puissance commence à décliner. Pour toi, c'est une période de répit, comme un sas de décompression, qui s'annonce. Après l'intensité de la pleine lune, c'est un peu comme si la lune se calmait, et nous aussi.

Ce temps calme est l'occasion de faire le point, de te replier sur toi-même à l'instar de la lune qui s'enfonce dans l'obscurité, et t'interroger : qu'as-tu appris durant les jours et les nuits qui viennent de s'écouler ? Cette phase est un moment « prescripteur ».

Détente, méditation et longues nuits sont à l'honneur : cette lune est aussi idéale pour mettre fin à une mauvaise habitude ou à une relation toxique. On se libère de ce qui nous entrave, on relâche les tensions, on arrête de courir et de prendre le risque de s'épuiser. Tu as consommé beaucoup d'énergie pendant la phase de la pleine lune. À présent, laisse tes projets reposer un moment, ne te lance pas tout de suite dans une nouvelle aventure. Peut-être auras-tu l'impression de perdre ton temps… Sache qu'il n'en est rien : cette phase est loin d'être inutile, elle te permet de reprendre des forces, de te remémorer ce que tu as appris et d'en faire profiter les autres. Si tu parviens à rester actif·ve de cette façon durant cette phase descendante, tes efforts seront récompensés.

Une fois débarrassé·e de tes mauvaises habitudes, tu pourras nouer de nouvelles rencontres, te rapprocher de quelqu'un ou de quelque chose dont tu sens qu'il peut t'être bénéfique. Et tu pourras commencer à réfléchir aux intentions que tu formuleras dans dix jours, à la nouvelle lune.

Mon rituel

La lune gibbeuse décroissante permet de se libérer ou de repousser les influences négatives. Tu souhaites éloigner une mauvaise personne ou te débarrasser d'un élément de ta vie nuisible pour toi (mauvaise habitude, situation désagréable…) ? Prends une feuille, un stylo et une paire de ciseaux.

Sur la feuille, dessine-toi grossièrement, comme s'il s'agissait d'un dessin d'enfant. Écris ton nom et ton prénom. Si tu souhaites éloigner une mauvaise personne de toi, dessine un autre personnage à côté du tien. Si tu souhaites te débarrasser d'un élément nuisible, dessine un rectangle et nomme-le. Ajoute un cercle de lumière autour de chaque représentation pour que chacune d'elles reste dans son « univers ». Ensuite, trace un second cercle de lumière autour du dessin te représentant : il est comme un bouclier protecteur ; il signifie que tu souhaites atteindre le bonheur et être détaché·e des mauvaises représentations.

Pour finir, découpe la feuille en deux afin de séparer ton portrait de l'autre personnage ou du rectangle. Dis ensuite à haute voix : « Ça y est, c'est fait. » Les liens néfastes entre cette autre personne, mauvaise habitude ou situation et toi seront ainsi rompus. Jette les morceaux de papier à la poubelle ou brûle-les.

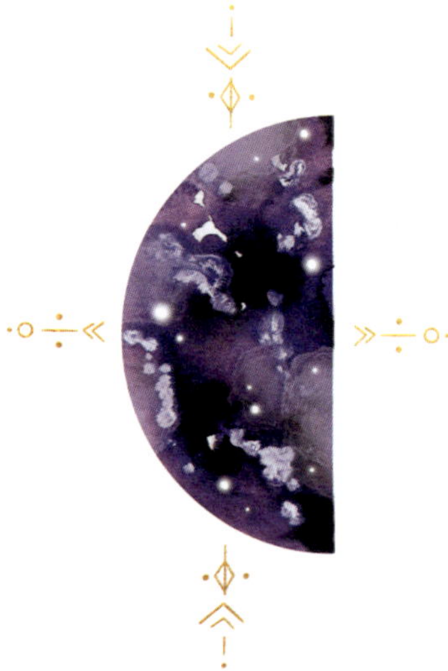

7

DERNIER QUARTIER

INTERVENANT SEPT À DIX JOURS APRÈS LA PLEINE LUNE, CETTE PHASE PREND LA FORME D'UN CROISSANT ORIENTÉ VERS LA GAUCHE.

C'est une période d'entre-deux : nous sommes exactement à mi-chemin entre la pleine lune, qui nous a puissamment éclairé·e·s, et la nouvelle lune, qui renferme tant de potentiel et de « possibles ».

La lune est de moins en moins lumineuse. Elle perd de sa puissance et de son énergie, elle rentre dans l'obscurité. Tu vas peut-être être tenté·e de faire comme elle et d'appuyer sur « pause ». Il est certes nécessaire et salutaire de ralentir, mais mieux vaut ne pas t'arrêter complètement. Profite de cet instant bénéfique à la réflexion pour regarder calmement vers l'avenir. Active-toi doucement mais sûrement : un nouveau cycle lunaire va bientôt commencer ; tu dois t'y préparer.

Le dernier quartier est le bon moment pour faire le ménage, dire au revoir, laisser filer ce qui ne te rend plus heureux·se, t'alléger. Mets à la poubelle tout ce qui attire de la négativité dans ta vie. Prends conscience que chaque chose a son temps propre. Dis-toi que tout se passe toujours au bon moment, même si c'est parfois frustrant… Il faut te défaire des choses qui ne t'apportent rien. Ainsi, tu seras plus à l'aise pour manifester tes vœux lors de la prochaine phase de la nouvelle lune et tu entameras ce nouveau cycle en étant plus léger·ère et purifié·e.

Partage et ne flanche pas. C'est une période où nous nous sentons plus vulnérables, à la merci de nos émotions. C'est aussi un moment pour se rapprocher des gens qu'on aime.

Comme la lune gibbeuse décroissante, le dernier quartier est propice aux rituels de bannissement. Le temps est venu de faire des rituels qui accompagnent cette phase de rupture, de prise de conscience où l'on perçoit et où l'on combat ce qui est nuisible.

Mon rituel

Prépare trois petites bougies type chauffe-plat, une coupelle ne craignant pas la chaleur ainsi qu'une feuille de papier et un stylo. Allume la première bougie et dis à haute voix ce que tu souhaites cesser de faire. Dis-le calmement, de façon déterminée – tu t'adresses à l'Univers. Essaie de te concentrer sur le côté positif qu'un tel changement apporterait dans ta vie en te rappelant tout ce que tes précédentes expériences t'ont appris.

Allume la deuxième bougie, songe de nouveau à ce que tu ne souhaites pas voir se reproduire et écris sur la feuille tous les éléments négatifs qui te viennent à l'esprit. Quand tu penses avoir fait le tour de tout ce que cette mauvaise expérience t'a apporté, dépose la feuille dans la coupelle et mets-y le feu. Regarde-la brûler tranquillement.

Ensuite, allume la troisième bougie. Ferme les yeux et imagine un magnifique paysage. Pense très fort que le meilleur est à venir et que de belles choses t'attendent. Cette troisième bougie qui se consume à côté de toi, apaisé·e, signifie que tu t'apprêtes à prendre un nouveau et beau départ.

8

DERNIER CROISSANT

LE DERNIER CROISSANT SYMBOLISE
LE TEMPS D'ABANDON ET D'ADIEU
À LA PÉRIODE QUI VIENT DE S'ÉCOULER.
LA LUNAISON EST PRESQUE FINIE.

La lune a presque disparu, la nouvelle lune et ses promesses vont revenir ; ces quelques jours sont le moment idéal pour préparer ton nouveau départ et faire le ménage, au propre comme au figuré.

Penche-toi sur le cycle lunaire écoulé et analyse, rembobine… Rappelle-toi ce qui, dans ce cycle lunaire, a fonctionné ou pas. Qu'est-ce qui t'a rempli·e de bonheur ? Comment le retrouver ? Où en es-tu maintenant que tu es à la fin de ce cycle lunaire ? Si tu as vécu des choses pénibles ou lourdes, penses-y une dernière fois pour mieux laisser derrière toi tout ce qui te rend malheureux·se. Envisage réellement quelles sont tes possibilités d'avenir, quelle est ta marge de manœuvre pour quitter ce travail dans lequel tu ne t'épanouis pas, couper les ponts avec cette personne que tu sais toxique… Si tu souhaites malgré tout maintenir les liens, évacue au moins tes frustrations et exprime ce qui ne te convient pas.

Si elle n'est pas toujours très agréable, cette réflexion est nécessaire ; elle va t'aider à déterminer ce que tu souhaites pour le prochain cycle lunaire.

Sais-tu d'ailleurs que la phase du dernier croissant est appelée « balsamique », du nom de ce baume qui guérit les mots physiques et les maux de l'âme, ce baume qui sent si bon ? Cette symbolique renvoie ce message : sois doux·ce envers toi-même, pose-toi et repose-toi.

Avec le dernier croissant vient aussi le moment délicieux du lâcher-prise. Cette phase est un symbole de paix et d'amour de soi. Elle te dit d'accepter la vie comme elle vient, de faire confiance au Soleil et à la lune, de te concentrer sur des énergies positives à ta portée. Quelque chose est en train de mourir en nous et nous allons renaître de nos cendres.

Mon rituel

Prépare-toi une tisane ou un thé et prends la tasse dans tes mains. Frotte tes mains réchauffées l'une contre l'autre, joins-les, puis pose-les sous ton nombril. Il s'agit là d'une façon de stimuler ton deuxième chakra, le chakra sacré qui communique avec l'estomac et le bas du dos. Associé à la lune, il représente le plaisir de la vie et ton intimité, et régit tes émotions.

Ferme les yeux, respire profondément, visualise l'énergie positive que tu ressens dans ton ventre et les bonnes vibrations qui traversent ton corps. Imagine que l'énergie s'étend à tout ton être, de la plante de tes pieds jusqu'au sommet de ton crâne. Ouvre alors les yeux et répète à haute voix, comme un mantra : « Je me détends », « Je me sens bien », « Je suis apaisé·e. » Tu peux répéter plusieurs fois ce mantra tout en soufflant sur ta boisson chaude et réconfortante : elle se chargera ainsi de l'énergie du mantra. Après tout, l'eau est un élément purificateur et l'élément de prédilection de la lune…

9

LUNE ROUSSE

LA LUNE ROUSSE CORRESPOND À LA LUNAISON QUI SUIT LES PÂQUES CHRÉTIENNES, ELLE DURE VINGT-HUIT JOURS.

Malgré son nom, cette lune n'est pas franchement orange, tout juste orangée ou cuivrée. Ses mille nuances rougeoyantes sont en réalité une illusion d'optique et sont dues au fait que la lune, la Terre et le Soleil sont alignés.

Attention, c'est une lune à double facette ! La lune rousse, ou « lune d'avril », possède en effet deux influences : néfaste et bénéfique, destructrice et constructive, symbole de fortune et de pauvreté, de chance mais aussi de malheur. Elle porte le symbole de la protection, de la délivrance, du triomphe et de la vie.

Cette pleine lune est LA lune du destin, mais elle peut se retourner contre celui qui l'emploie ! Elle est importante pour les sorciers, les mages, les prêtres… et les personnes mal intentionnées, car elle se prête à l'élaboration de rituels et de prières.

La croyance populaire prête à la lune rousse une influence néfaste sur les plantes : elle tuerait les premiers bourgeons du printemps, qui se couvriraient alors de rouge… et doivent également affronter, du 11 au 13 mai, les saints de glace. Les jardiniers protègent leurs semis, car ils associent la lune rousse aux gelées tardives et aux catastrophes climatiques.

En réalité, ce n'est pas la lune rousse qui a de l'influence sur les plantes, mais le climat. Fin mars, au moment de la lune rousse, la terre n'est pas réchauffée en profondeur. Si la nuit le ciel est dégagé et qu'il n'y a pas de couverture nuageuse pour empêcher ce refroidissement, les jeunes pousses perdent leur chaleur et risquent de geler. Le gel fait colorer les tissus immatures, qui se parent alors de rouge et roussissent. C'est pour les plantes, avant le printemps, la dernière morsure de l'hiver. Pendant ce temps, la nuit, il arrive que la lune brille entourée d'un halo, symbole d'humidité atmosphérique. Voilà comment la réputation « meurtrière » de la lune rousse sur la végétation est née.

Les astrologues se méfient eux aussi de la lune rousse. Tous les deux jours et demi, la lune change de signe astrologique, c'est-à-dire qu'elle se retrouve alignée dans le ciel avec une constellation qui correspond à un signe en particulier. Quand elle est dans le signe du Scorpion, signe d'excès et de destruction, elle s'approprie l'énergie de Mars, planète de la guerre. La lune rousse est alors réputée être la plus néfaste de l'année.

Mon rituel

Vingt-quatre heures avant ou après l'arrivée de la lune, pratique un vœu d'abondance pour profiter de la symbolique de fortune de la lune rousse. Ici, je propose un rituel d'abondance en matière de réussite scolaire ou professionnelle, mais il peut aussi concerner la santé, l'amour, le bonheur, les voyages…

Prends le sac que tu utilises pour aller au travail ou étudier. Vide-le entièrement et emmène-le dehors avec toi. Il bénéficiera ainsi de l'influence de la lune – même si elle n'est pas visible. Ouvre-le et tends-le vers la lune. Remercie-la à voix haute ou intérieurement, comme si elle avait déjà rempli ton sac de bonnes choses : pense à sa bienveillance et à son soutien à ton égard, et à ce qu'elle t'apporte.

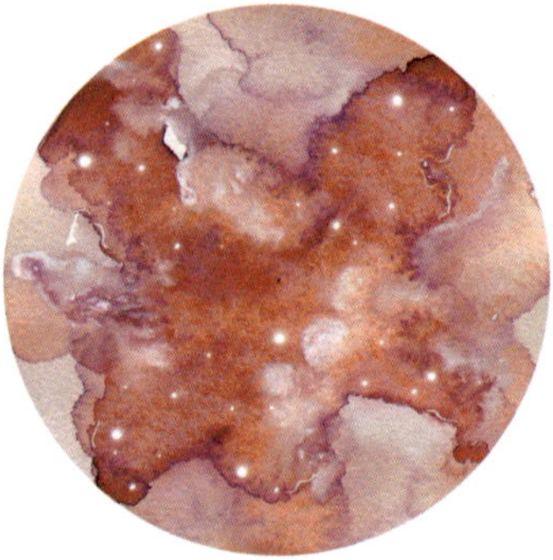

10

SUPER LUNE

IL S'AGIT D'UNE PLEINE LUNE EXTRAORDINAIRE : LA LUNE SE RAPPROCHE TANT DE LA TERRE QU'ELLE EN DEVIENT ANORMALEMENT GROSSE.

Si l'on devait ne retenir qu'une chose de cette super lune, c'est que son influence sur les énergies est tout simplement phénoménale. Elle est généralement appelée « lune rose » non pas en raison de sa couleur, mais parce qu'elle annonce sous nos cieux l'arrivée du printemps et des roses qui fleurissent. Chez les Amérindiens, elle fait référence à la période de l'année où les phlox, des plantes vivaces, fleurissent et couvrent les paysages du nord-est de l'Amérique du Nord d'une belle couleur rose.

La super lune a aussi une forte signification spirituelle : elle est favorable aux rituels, aux invocations, aux prières et à toutes sortes de demandes ésotériques particulières à l'Univers.

Des légendes prétendent même que la première super lune marqua la naissance du premier loup-garou… D'autres expliquent qu'elle décuple les sentiments amoureux et que flirter sous cet astre augure une histoire sentimentale bien plus forte. Après tout, elle est parfois appelée « lune d'avril » : certains associent cette appellation à Aphrilis, l'un des autres noms de la déesse de l'Amour, Aphrodite. Elle est aussi promesse de renouveau, de rajeunissement, de guérison… Car la force de cette lune est augmentée par sa proximité avec la Terre et sa forte luminosité.

Comme il s'agit d'une lune printanière, pense à planter de nouvelles graines dans ton jardin ou sur le bord de ta fenêtre, à démarrer de nouveaux projets, à lancer des idées, à définir tes intentions… Cette super lune te permet de te réinventer. Elle est un pur moment de connexion avec ton « moi » féminin, spirituel et sacré.

Mon rituel

Une nuit de super lune, installe-toi dans un endroit calme, à l'extérieur ou donnant sur l'extérieur, qui soit sécurisant et à l'abri des regards. Ce peut être un coin tranquille dans un jardin tout comme ta chambre, si tu t'installes près de la fenêtre. Enlève tes vêtements si tu le peux ou gardes-en un minimum, l'idéal étant d'être nu·e.

Prends un « bain de lune ». Allonge-toi, laisse les rayons de la lune balayer ton corps et t'inonder de leur énergie. Imagine que ton esprit, ton cœur, ton énergie…, tout ton être absorbent les rayons de la lune. Ferme les yeux, demande à la lune et à l'Univers de bénir ce rituel, de te connecter, de t'ancrer à la nature. Respire profondément, sois à l'écoute de tes sensations et de ce qui t'entoure. Concentre-toi sur ta respiration, si douce et apaisée.

Ce bain de lune va réveiller ton intuition, te rendre plus réceptif·ve, plus spirituel·le… Il va t'offrir un moment de grâce et t'ouvrir à un nouveau cycle.

11

LUNE BLEUE

**PHÉNOMÈNE ASSEZ RARE,
CE TYPE D'ÉCLIPSE NE SE PRODUIT QUE
QUARANTE-ET-UNE FOIS PAR SIÈCLE,
LORS DES «ANNÉES À TREIZE LUNES».**

Lors de ces années spéciales, il s'écoule exactement vingt-neuf jours entre deux pleines lunes. Tous les trois ans, il existe donc treize pleines lunes (au lieu de douze le reste du temps). La treizième pleine lune, visible partout à travers le monde, au même moment, c'est la lune bleue. Si tu as déjà vu une lune bleue, tu es donc très chanceux·se !

Les années durant lesquelles surviennent les lunes bleues sont redoutées, car on les soupçonne de provoquer des catastrophes naturelles, voire de dérégler la météo. En France, la sécheresse de 1976 ou la grande tempête de 1999, par exemple, ont eu lieu une « année à lune bleue ». Et puisqu'elle est liée au chiffre 13, elle est sujette à toutes sortes de superstitions, de rituels occultes, voire de sorcellerie.

Sa dénomination a-t-elle été donnée par le clergé britannique, un effet sur la lune de l'éruption du volcan Krakatoa en Indonésie, en 1883, une mauvaise traduction de la part des Québécois de « double lune » devenue « *blue moon* » ? Personne ne sait plus très bien d'où vient le terme « lune bleue » mais, ce qui est sûr, c'est qu'il ne fait pas référence à la couleur de l'astre, qui est alors blanc ou jaune.

Si tu as la chance de vivre une lune bleue, tu devras être très attentif·ve à tes émotions, car elle symbolise le repli sur soi. Tu devras aussi étudier un calendrier lunaire pour voir dans quel signe du zodiaque se trouve la lune bleue : elle renforce en effet les caractéristiques du signe qui correspond à la période au cours de laquelle elle apparaît.

La lune bleue est favorable à l'ouverture spirituelle. La nuit venue, pose-toi et regarde-la, puise dans sa lumière, connecte-toi à elle. Ta créativité devrait être décuplée. Si tu pratiques la méditation, elle n'en sera que favorisée. C'est le moment rêvé pour trouver en toi des réponses ou retrouver un calme intérieur.

Cet événement est si rare… Profites-en ! Réfléchis à ton existence, à ce que tu souhaites vraiment faire de ta vie, à ce que tu veux et à ce que tu ne veux plus ! C'est l'occasion de te recentrer sur toi, de te donner l'impulsion qui te manquait pour provoquer de grands changements dans ton existence. Bien entendu, pour que cela marche et que la lune t'influence de façon positive, il faut que tu y croies.

Mon rituel

Pour profiter au mieux de la force mystique de la lune bleue, tu peux effectuer ce rituel tout simple, intitulé « l'eau de pleine lune ».

Verse de l'eau dans une bouteille ou une carafe, idéalement de couleur bleue. Laisse-la dehors toute une nuit, exposée à la lumière de la lune. Le lendemain, avant que le Soleil ne se lève, récupère-la et verse l'eau dans un contenant hermétique, placé dans un endroit sombre.

Tu peux la boire, l'utiliser pour arroser tes plantes, laver tes pierres afin de les purifier… On attribue à cette eau des vertus apaisantes et régénérantes.

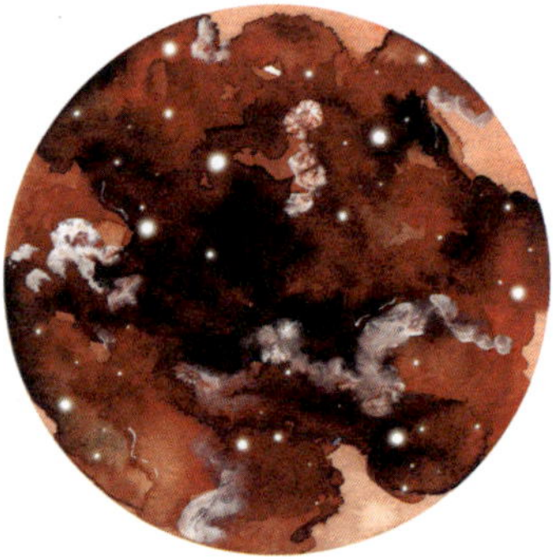

12

LUNE DE SANG

LA LUNE ROUGE, OU « LUNE DE SANG »,
N'EST RIEN D'AUTRE QU'UNE ÉCLIPSE
LUNAIRE TOTALE.
POURTANT, ELLE FASCINE.

Dans cette version flamboyante de la pleine lune, l'astre généralement blanchâtre devient rouge ou brun rougeâtre. Pourtant, dans l'ombre de la Terre, il récupère un peu de la lumière des levers et couchers de soleil provenant de la Terre à sa surface, ce qui donne ces ondes lumineuses rouges. Cette lune apparaît deux fois par an et peut s'admirer à l'œil nu.

Elle alimente de nombreux fantasmes depuis l'Antiquité. Des croyances expliquent que la lune de sang permet d'entrer en communication avec les esprits en nous faisant voyager à travers de nouvelles dimensions; d'autres racontent qu'elle frappe les esprits de folie; des théories conspirationnistes y voient un signe de l'apocalypse...

Une chose est sûre: sous la lune rouge, l'énergie de la lune est à son paroxysme, encore plus que durant les autres pleines lunes. Ta créativité va augmenter tout comme ton imagination. Tes capacités extrasensorielles sont à leur apogée, rendant l'énergie mystique plus facile à capter. Si tu as des dons psychiques innés, tu les verras s'améliorer. Le moment est idéal pour méditer et te livrer à une activité spirituelle.

Mais cette sensibilité exacerbée doit te rendre méfiant·e: en matière d'astrologie, l'alignement de la Terre, du

Soleil et de la lune peut influencer fortement les choix. Ne prends donc pas de décisions importantes sous l'effet puissant de la lune rouge, reporte-les à plus tard.

Sache aussi que l'influence que la lune rouge peut avoir sur toi dépend de l'endroit où tu te trouves et de la distance qui te sépare d'elle. Plus vous êtes proches, plus la lune aura un effet sur toi. C'est précisément pour cette raison que de nombreux ermites habitent en montagne, pour être plus près de la lune et de ses nombreuses vertus spirituelles !

Mon rituel

Ce rituel t'aidera à chasser les effets néfastes de la lune de sang.

Prends un bain dans lequel tu auras versé une poignée de gros sel et le jus d'un demi-citron. Restes-y 15 minutes environ. Tu peux aussi prendre une douche très chaude, de façon à bien te détendre.

Ensuite, installe-toi dans un endroit calme, allume un bâton d'encens de myrrhe et inspire. Ta respiration est devenue régulière. Allume une bougie, de préférence de couleur verte ou marron, puis ferme les yeux. Imagine que de petites racines sortent de la plante de tes pieds et vont s'ancrer dans la terre. Essaie de les visualiser, voire de les sentir. Ouvre les yeux, regarde la flamme de la bougie, médite tout en regardant la flamme : elle représente la lumière de la lune qui t'éclaire. Laisse l'énergie lunaire t'envahir, te bercer… Puis, sans lâcher la flamme des yeux, demande-lui ce dont il te faut te débarrasser pour retrouver ta liberté et avoir confiance en l'avenir. Laisse les idées te venir : tu peux les noter.

Une fois cette méditation terminée, remercie la lune et éteins la bougie. Termine ce rituel en buvant une tisane de thym, de sauge ou de romarin, afin de purifier ton organisme.

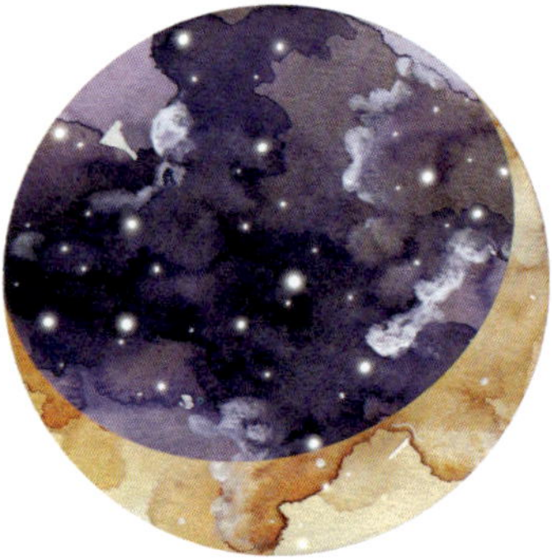

13

LUNE DE CENDRE

DANS LES JOURS QUI SUIVENT OU PRÉCÈDENT UNE NOUVELLE LUNE, TU AS SÛREMENT DÉJÀ VU UNE LUNE DE CENDRE, À L'ASPECT FANTOMATIQUE ET MYSTÉRIEUX.

On distingue alors un petit croissant flou et lumineux. Mais ce n'est pas pour autant que le reste du disque lunaire n'est pas éclairé : il l'est légèrement, car il reçoit la lumière solaire renvoyée dans l'espace par la Terre – on parle alors de « clair de Terre ».

Si tu souhaites étudier ou si tu as décidé de reprendre tes études, n'hésite pas ! Par ce lien avec les choses cachées, une lune cendrée est le moment idéal pour travailler, partir à la découverte de nouvelles connaissances, apprendre de nouveaux savoirs jusque-là inaccessibles.

Sous les auspices de la lune de cendre, la nuit est épaisse. Certes, la lueur mystique et bienveillante de l'astre qui habituellement t'éclaire et te rassure n'est pas là, mais les étoiles, plus brillantes qu'à l'ordinaire, prennent le relais. La nuit t'enveloppe d'un manteau sombre et protecteur, elle te rend plus calme et plus serein·e. C'est comme si personne ne te challengeait, comme si personne n'attendait rien de toi, comme si tu pouvais te consacrer à être toi, pleinement, sans posture ni faux-semblants. C'est le moment de penser à tes décisions passées et à venir, à tes expériences, et de te ressourcer avant de pouvoir tout recommencer. Car, à chaque nouveau cycle lunaire, c'est comme si tu pouvais être toi… en mieux !

Mon rituel

Rassemble du sel de mer, des feuilles ou un bâton de sauge, une bougie blanche, un stylo, du papier et des herbes, fraîches de préférence, que tu aimes.

Allume la sauge et transporte-la dans la pièce ou la maison dans laquelle tu es pendant qu'elle se consume. Laisse la fumée se répandre et envahir l'espace, puis ouvre les fenêtres pour laisser s'échapper les énergies négatives.

Prends un bain ou une douche chaude. Si tu prends un bain, verse dans l'eau le sel de mer et les herbes. Ferme les yeux, imagine qu'une lumière blanche t'entoure, te « lave » et supprime tout ce qui est toxique dans ton corps. Pense qu'avec l'eau qui s'évacue part aussi toute l'énergie négative.

Assieds-toi à une table sur laquelle tu auras posé une bougie. Note tes intentions sur la feuille, en veillant à les écrire de façon positive. Les exprimer à la forme négative brouillerait en effet tes intentions. Respire profondément, prends le temps de méditer sur tes intentions, visualise-toi une fois que tes vœux seront réalisés. Laisse la bougie brûler tout le long de ta méditation.

Conserve le papier sur lequel tu as exprimé tes intentions en le glissant dans ton sac ou dans ta table de nuit. Tu y auras accès au quotidien et ne perdras jamais de vue ce que tu veux voir se réaliser.

14

LUNE NOIRE

LA LUNE NOIRE DÉSIGNE
UNE LUNE INVISIBLE, UN PEU COMME
L'ÉCLIPSE DE SOLEIL TOTALE.

Quand on te parle de lune noire, ne cherche pas une lune sombre… Elle désigne une lune qui n'est pas du tout visible, un peu comme une éclipse de soleil totale. Elle a lieu deux jours avant la nouvelle lune. Parfois, elle est appelée « lune de Lilith », du nom de la première épouse d'Adam (voir p. 120).

La lune noire est symbole de destruction. À l'image de Lilith, elle apporte les impulsions, les disputes et les malentendus. Elle est puissante, davantage que les autres lunes. Durant cette période, ton métabolisme semble ralenti ; ton corps est moins actif, « en pause » : c'est comme s'il se protégeait et savait que Lilith révèle ce que nous avons de plus vulnérable en nous. C'est en effet une période où tu risques d'être ultrasensible, à fleur de peau, plus facilement atteint·e par ce qui t'arrive et t'entoure.

Cette lune peut ainsi faire ressortir tes côtés sombres, ta part de rébellion, tes contradictions, tout comme elle peut booster ton envie de liberté et t'aider à lâcher prise.

De fait, la lune noire n'est pas que… noire. Elle peut aussi éveiller ton intuition et tes capacités de perception. Par conséquent, elle est une véritable alliée qui t'aidera à te débarrasser des fantômes du passé, des personnes et des énergies toxiques qui entravent peut-être ton développement personnel. Enfin, n'oublie pas que Lilith représente aussi la créativité et le pouvoir féminin : son pouvoir est immense. C'est le moment d'effectuer un travail sur toi, d'accepter tes faiblesses, de cultiver ta solitude et, ce faisant, de révéler ta force intérieure. Tu as l'occasion de te débarrasser de tout ce qui t'empêche d'avancer, car la lune noire donne une énergie toute particulière : profites-en !

Mon rituel

Il a pour but de t'aider à te débarrasser des énergies toxiques qui t'encombrent et t'empêchent de progresser.

Installe-toi dans une pièce paisible où tu ne seras pas dérangé·e. Allume une bougie de couleur foncée (noire, violette, bleu marine…) pour rappeler la lune noire, invisible au cœur de la nuit.

Ferme les yeux, détends-toi et laisse l'obscurité t'envelopper. Concentre-toi et pense à ce que tu as accompli dernièrement. Ne te détourne pas de la fierté qui s'éveille en toi.

Ensuite, pose-toi les questions suivantes :

- Quelles habitudes destructrices apparues au cours du dernier cycle lunaire voudrais-je voir disparaître à jamais ?
- Quel obstacle m'empêche de réaliser mes intentions ? Comment le contourner ou l'éradiquer ?
- M'arrive-t-il de me mentir à moi-même ? Par quels moyens ? Que cherche-je à éviter ?

Une fois que tu auras répondu à toutes ces questions, remercie la lune de sa clairvoyance. Lorsque tu souffleras sur la bougie pour l'éteindre, demande-lui intérieurement de te protéger.

15

LOUP

LE LOUP SYMBOLISE LA PROTECTION ET LA FORCE.
LA PLEINE LUNE DE JANVIER
A ÉTÉ BAPTISÉE
«PLEINE LUNE DU LOUP»...

Ce surnom date de l'époque où les loups, affamés, menaçaient les villages en s'approchant au plus près des campements pour y trouver de quoi manger. Leurs hurlements étaient terrifiants... Les villageois ne pouvaient compter que sur la lumière de la lune pour repérer les bêtes sauvages, les fuir ou les affronter. Ainsi, cette lune est parfois associée à la mort et à la désolation.

Mais elle est aussi symbole d'espoir, de renaissance et de transformation. Il n'y a pas de meilleur moment pour organiser ses projets, planifier ses plantations, commencer quelque chose ou le terminer. Si tu entreprends, la lune du loup t'offre l'énergie nécessaire pour démarrer d'un bon pied ; mieux : elle te protège. Si tu es en phase de finalisation, elle te permettra de surmonter les dernières difficultés qui surgissent sur ta route.

Comme toute pleine lune, la lune du loup représente les sentiments et les émotions. Tu peux te sentir anxieux·se, plus sensible que d'ordinaire ou bien te laisser déborder par tes émotions. C'est normal, et c'est même la preuve que tu es parfaitement connecté·e avec les autres habitants de la Terre et avec les astres. Tu ressens simplement l'énergie lunaire. Si tu en éprouves le besoin, lâche-toi : observe silencieusement cette lune, puis hurle aux loups comme le faisaient nos ancêtres pour évacuer ce qui déborde en toi !

La lune du loup peut aider à guérir, à pardonner et à avancer, mais il faut auparavant que tu « vides ton sac » afin de « renaître » spirituellement, c'est-à-dire te débarrasser des mauvaises choses du passé qui t'encombrent. Laisse-les dans les ténèbres et prends un nouveau départ.

Mon rituel

Ce rituel t'aidera à te libérer des émotions et des croyances qui t'empêchent d'avancer.

Installe-toi dans un endroit propre, peu encombré, avec des odeurs que tu aimes… Autrement dit, il faut que tu t'y sentes bien pour pouvoir te concentrer. Purifie la pièce avec de la sauge que tu fais brûler.

Assieds-toi et essaie d'oublier tout ce qui s'est passé durant la journée pour te concentrer sur ta respiration et l'air qui rentre et sort de tes narines. Ferme les yeux, cela va t'aider à rentrer en méditation.

Projette-toi ensuite sur la vie que tu désires – bien entendu, il faut que ce soit réaliste : visualise-la et reste concentré·e sur ta vision. Ensuite, ouvre les yeux et note immédiatement tout ce que tu dois faire pour que ta vision devienne réalité. Sur une feuille de papier, écris tout ce dont tu dois te libérer pour y parvenir : quels sont tes freins ? Quand tu as terminé, brûle ce papier, déchire-le ou rature-le… Lâche-toi !

Il est temps de passer à la dernière étape. Ferme de nouveau les yeux et concentre-toi sur ta respiration. Imagine que l'air que tu inspires est chargé de tous les aspects positifs de ta vision et que l'air que tu expires est libéré des énergies négatives.

Répète ce rituel jusqu'à ce que tu te sentes délivré·e.

16

HIBOU ET CHOUETTE

ON DIT DE CES RAPACES NOCTURNES,
AMIS DE LA LUNE, BEAUX ET ENVOÛTANTS,
QU'ILS SONT ANNONCIATEURS
DE BIEN DES PRÉSAGES...

Depuis toujours, les hommes utilisent ces oiseaux pour conjurer le mauvais sort : au Moyen Âge, on clouait même les pauvres chouettes aux portes, en pensant qu'elles allaient chasser le mal.

Les hiboux et les chouettes sont comme un portail entre deux mondes. On raconte qu'ils ont la capacité de voir les défunts et qu'ils sont des messagers entre deux univers. Ils représentent l'obscurité, la patience, les rêves, la vision, les voyages, la sagesse – Minerve, déesse romaine de la Sagesse, avait pour symbole une chouette…

Ils peuvent aussi t'indiquer que tu es en train de vivre ou que tu t'apprêtes à vivre une transition ou une transformation. Ils soutiennent ta mue intérieure et t'aident à voir au-delà de la tromperie. Regarde leurs yeux si profonds : leur extraordinaire capacité de vision permet d'explorer tous les possibles.

Cette carte salue ta capacité à voir ce qui est caché, en toi et autour de toi, et t'encourage à faire confiance à ton intuition. Symbole de connaissance, ces oiseaux sont des guides qui t'encouragent à cultiver ta spiritualité. Sache que si tu croises l'un d'eux trois jours après avoir effectué un rituel, c'est bon signe : cela signifie que la magie opère.

Mon rituel

Ce rituel est destiné à développer ton intuition, inspiré par la nature sauvage et confiante du hibou et de la chouette.

Choisis une journée où tu ne travailles pas et durant laquelle tu ne seras pas dérangé·e. Sors te promener, en forêt si tu le peux, ou bien dans un parc ou un jardin. Marche, cours, contemple, admire la faune et la flore, écoute leurs ressentis, respire le parfum des fleurs, l'odeur de la terre. Reconnecte-toi à toi-même.

Après ce moment, installe-toi dans un endroit calme et « pose » ton intention : qu'as-tu envie de savoir ? Que souhaites-tu résoudre ? Pose une question à la fois, comme cela te vient, puis concentre-toi et écoute ta petite voix intérieure.

Prends ensuite un papier et écris tout ce qui te vient à l'esprit : les images, les sensations, les mots, pourquoi pas des paroles de chansons ! Note tes émotions, positives comme négatives, peu importe si tout cela te paraît incohérent ; c'est ton inconscient qui s'exprime. Prends le temps qu'il te faut.

Laisse passer une journée. Le lendemain, relis tes notes et tente de remettre tout cela dans l'ordre. Essaie de comprendre le message que ton intuition a tenté de te faire passer. Tu as sûrement les réponses à tes questions…

Fais ce rituel aussi souvent que tu en ressentiras le besoin, car il te permet de développer ton intuition et t'apprend à échanger avec ton inconscient.

17

CHAT

LIBRE, FIER, CALME, INDÉPENDANT, ÉLÉGANT, OBSERVATEUR, CURIEUX, PRUDENT, PARFOIS ROUBLARD ET EFFRAYANT... TELS SONT LES QUALIFICATIFS ATTRIBUÉS À CET ANIMAL FASCINANT.

On raconte que le chat a été enfanté par la lune. Cet animal fascine le monde. Les Égyptiens lui vouaient un véritable culte, lui attribuant la faculté de faire la liaison entre le monde des vivants et celui des morts, mais aussi d'éloigner les esprits malins.

La nuit est le terrain de prédilection du chat, qui a une excellente vision nocturne et n'est jamais plus performant que dans ces conditions. Il est plus affûté lorsque survient la pleine lune et il se surpasse les nuits de super lune. Son rythme cardiaque augmente, tout comme sa température corporelle. Entre la lune gibbeuse et la pleine lune, on constate chez le félin une augmentation du nombre de morsures : son instinct de chasseur est à son maximum.

Ses pupilles, qui brillent dans l'ombre, lui ont forgé une réputation d'animal inquiétant, voire démoniaque. Au Moyen Âge, il a été considéré comme le complice des sorcières, dont il était le seul compagnon. On accusait ces femmes de l'utiliser pour pratiquer la magie noire. Certaines ont été brûlées vives avec leur « démon familier »…

Mais sais-tu que cet animal nocturne protège des ondes négatives et des malédictions ? Il peut les chasser dans les habitations, surtout celles qui ont abrité des disputes et des drames. Si tu arrives dans une nouvelle maison avec ton chat, observe la façon dont il se comporte : il va faire le tour de la maison et, ce faisant, repérer les bons et les mauvais endroits. S'il s'attarde dans une pièce, c'est qu'elle a besoin d'être rééquilibrée en énergie. Il ira ensuite répandre son aura dans toute la maison, puis finira par se fixer dans un endroit bien à lui. C'est ici que l'énergie sera la plus puissante.

Ce félin peut aussi détecter les mauvaises ondes qui se dégagent des personnes. Il te protège. Si tu es chez toi et que tu reçois une personne envieuse ou agressive, caresse ton chat de la main gauche ou pose directement tes deux mains sur son dos. Il partagera ainsi avec toi son énergie protectrice et positive.

Ne rejette pas un chat s'il vient se frotter contre toi. Il ne veut pas forcément que tu lui donnes à manger, il veut peut-être simplement te transmettre un peu de son énergie positive… Ne le repousse pas non plus s'il vient se poser sur toi ; c'est que cette partie de ton corps est en manque d'énergie.

Mon rituel

Si tu as un chat ou si récemment, à un moment de la journée, tu t'es senti·e particulièrement libre, calme ou indépendant·e, tel un chat, c'est le moment de pratiquer un rituel de gratitude.

Le soir venu, installe-toi dans un fauteuil ou un canapé où tu te sens bien. Si tu as une cheminée, installe-toi près du feu, sinon allume une bougie. Tu as un chat dans ta vie ? Écris tout ce que ce bel animal nocturne t'a apporté ; tu peux aussi noter les points communs que tu partages avec lui : une compagnie quand tu te sentais seul·e, un apaisement quand tu étais stressé·e, la joie de le croiser ou de le voir filer dans un jardin ; ton sens de l'observation, ta prudence... Raconte comme tu as pu accueillir ce sentiment de puissance ou de fierté.

Lorsque ce moment d'écriture est terminé, offre un présent à la lune pour la remercier de sa générosité : des fleurs, des pierres, un poème ou même un dessin de chat !

18

CHAUVE-SOURIS

SYMBOLE DE BONHEUR ET DE LONGÉVITÉ
EN CHINE, LONGTEMPS DIABOLISÉE EN EUROPE,
CE MAMMIFÈRE CAPABLE DE VOLER
N'A PAS FINI D'INTRIGUER.

Parce qu'elle est un animal nocturne n'aimant pas sortir les soirs où la lune est très brillante, la chauve-souris porte en elle la terreur ancestrale des ténèbres et de tous les êtres qui vivent la nuit. Dans l'imaginaire collectif, elle est liée à la mort, dont elle serait un messager. Elle draine toutes sortes de légendes : une croyance polonaise raconte qu'une chauve-souris est une souris qui a réussi pendant sept ans à ne pas être mangée par un chat (autre animal nocturne !). Quant à l'art chrétien, il représente souvent le diable avec des ailes de chauve-souris…

À l'inverse, en Chine, elle est considérée comme un porte-bonheur : elle apparaît au crépuscule, « à l'heure des souvenirs, presque à l'heure des rêves », dit-on. Elle est aussi considérée comme un symbole de longévité, vivant dans une grotte, un passage qui est celui des immortels.

Si tu tires la carte de la chauve-souris, cela signifie que tu as besoin de nouveauté, d'une transformation. Celle-ci peut être intérieure ou physique, comme un déménagement ou une nouvelle carrière… Des changements s'annoncent pour toi, c'est sûr, et tu dois t'y préparer. Il te faut alors laisser tomber les habitudes qui ne te correspondent plus. L'Univers t'invite à envisager différemment l'avenir.

Cette carte te dit aussi de ne pas avoir peur du changement : cette évolution va t'être bénéfique. Pense à la chauve-souris qui circule dans le noir, traversant ainsi l'inconnu sans jamais se perdre grâce à l'écholocalisation : dans les moments de doute, voire de dépression, elle peut t'inviter à retrouver ton radar naturel et t'aider à rejoindre la lumière.

Mon rituel

Installe-toi dehors ou près de l'extérieur, dans un endroit tranquille, qu'il s'agisse d'un coin de jardin, d'une terrasse ou de la fenêtre de ton appartement.

Ferme les yeux et imagine… Tu te tiens à l'entrée d'une grotte au crépuscule. Tu attends patiemment de voir sortir les chauves-souris partir chercher leur nourriture. Dix, puis vingt, puis cent sortent. Tu les regardes, impressionné·e, quand tu entends un bruit sourd : une jeune chauve-souris vient de tomber à tes pieds. Tu la prends délicatement dans tes mains, la réchauffes et, petit à petit, tu sens son cœur battre et son énergie regagner son corps. Au bout de quelques minutes, la petite chauve-souris se redresse, tourne autour de toi comme pour te dire merci et s'envole vers la forêt toute proche pour rejoindre sa famille.

Les yeux fermés, ressens sa peur, ses doutes, puis sa joie… Remercie la lune de t'avoir amené·e jusqu'à cette grotte et remercie le bébé chauve-souris de t'avoir montré qu'il fallait faire confiance et TE faire confiance.

Tu peux rouvrir les yeux.

19

LUCIOLE

LORSQUE LA LUNE SE LÈVE, LES LUCIOLES APPARAISSENT, DANSANT ET ÉCLAIRANT L'OBSCURITÉ DE LEUR VIVE CLARTÉ: ELLES SONT SYMBOLE D'ESPOIR.

On disait autrefois que les lucioles incarnaient l'âme errante des revenants. Au Viêtnam du Sud, elles sont l'âme des héros immortels, tandis qu'en Chine elles sont les compagnes des étudiants sans le sou, auxquels elles fournissent de la lumière pour leur labeur nocturne. Le Japon leur dédie une fête chaque année.

La nuit, ces insectes nocturnes et luminescents diffusent une lumière verte ou jaune vif. Le jour, ils se cachent dans les herbes hautes ou les feuilles mortes. Ils brillent pour se reproduire : leur lumière n'est rien d'autre qu'un signal d'amour destiné à attirer leur partenaire.

Cette carte est synonyme d'espoir. Si tu traverses une période d'interrogation et de doute, elle t'annonce que tu vas bientôt trouver la lumière. Ces curieux insectes ont une durée de vie n'excédant pas dix jours : ils symbolisent donc aussi le bonheur de vivre. Même leurs larves – les vers luisants – émettent de la lumière !

Si tu tires cette carte aux alentours de la Saint-Jean, le 24 juin, qui est la fête de la lumière, un bonheur est peut-être à venir. Mais quelle que soit la période où tu tires cette carte, la luciole te donne une leçon de vie : elle ne renonce jamais, elle est l'illustration qu'en tout être vivant, une lumière brille.

En voir une est un moment de grâce, une leçon d'espoir et de force. La lumière de la luciole ne dégage aucune chaleur : c'est un signal qui te conseille de mener une vie simple, de ne pas aller trop vite et de ne pas t'épuiser. Elle te montre la voie : celle d'un esprit noble, majestueux, joyeux, encourageant et optimiste.

Mon rituel

Sors un soir de lune sombre dans ton jardin, un parc ou sur une terrasse calme. Ferme les yeux et concentre-toi : ancre tes pieds dans le sol, sens l'odeur de la terre, écoute le silence…

Imagine qu'une petite lumière vacillante mais vaillante arrive vers toi, bientôt rejointe par une autre, puis encore une… Tu attrapes au vol une petite luciole et tu la prends avec douceur dans tes mains rassemblées en coupe. Tu te sens connecté·e à quelque chose de beaucoup plus grand que toi-même, quelque chose de pur. Cette petite chose fragile brille pour toi, mais aussi pour le monde entier.

Dis-toi que tu es comme elle : courageux·se, libre, altruiste et heureux·se. Ouvre tes mains et regarde-la s'envoler.

Tu peux rouvrir tes yeux, les lever vers le ciel, admirer la lune et les étoiles qui sont comme autant de petites lucioles. Remercie l'Univers. Plus besoin d'imaginer quoique ce soit : tu es plus connecté·e que tu ne l'as jamais été.

20

RENARD

**AVISÉ, STRATÈGE, ÉLÉGANT, ESPIÈGLE,
IL SAIT MIEUX QUE N'IMPORTE QUEL AUTRE ANIMAL
NOCTURNE SE FRAYER UN CHEMIN
À LA SEULE LUMIÈRE DE LA LUNE.**

Apprends à regarder le renard autrement que tel qu'on le raconte dans les contes et les récits. Sa capacité à entrer tranquillement dans le poulailler ont fait de cet animal spirituel un symbole universel de ruse et d'opportunisme ; on l'associe aux mauvais présages, voire à l'escroquerie.

Pourtant, il possède avant tout une grande réactivité et une capacité d'adaptation incroyable : il symbolise l'orientation mais aussi la sagesse, la noblesse et la protection. Il peut être un guide puissant, notamment lorsque tu fais face à des obstacles. Habitué à naviguer dans l'obscurité, il sait déjouer les pièges. Cet animal est pour toi comme un phare dans la nuit.

Que la figure du renard apparaisse dans tes cartes ou dans tes rêves n'est pas anodin : elle te met en garde, te signale d'être prudent·e. Prends garde si des individus (des collègues, des membres de ta famille, des inconnus...) te poussent à faire des choix, assure-toi qu'ils sont bien intentionnés. Écoute les conseils des personnes qui tiennent à toi, tout en veillant à prendre des décisions réfléchies, en accord avec qui tu es.

Avoir pioché cette carte peut aussi signifier que le renard veut communiquer et t'éclairer. Il pense à ton intérêt, alors pose-lui des questions et demande-lui conseil.

Apprends de lui : il enseigne mieux que quiconque la manière de contourner les obstacles au lieu de les affronter de face. Il peut t'aider à élaborer des stratégies. Adopte son regard fendant l'obscurité et l'adversité.

Mon rituel

À la tombée de la nuit, isole-toi dans un endroit où tu te sens bien. Ferme les yeux et respire régulièrement et profondément. Sens, visualise l'air frais entrer dans tes narines et l'air chaud en sortir lorsque tu expires. Avoir conscience de ta respiration t'aidera à te détendre, puis à te concentrer.

Sollicite ensuite intérieurement le renard. Imagine que tu es en pleine nature, que ce bel animal croise ton chemin et que tu peux lui poser toutes les questions que tu souhaites. Repense aux moments de ton existence où tu as agi trop vite, de façon impulsive, où tu as suivi aveuglément telle ou telle personne ; des moments où tu penses avoir pris les mauvaises décisions.

Demande au renard de t'aider et de revisiter ces moments à tes côtés. Si tu pouvais recommencer, comment pourrais-tu être plus réfléchi·e, plus avisé·e, plus aligné·e avec les valeurs qui te sont chères ? Aurais-tu pu adopter une autre stratégie ? Quelle tactique t'aurait permis de déjouer les pièges ?

Lorsque tu auras le sentiment d'avoir des réponses, ouvre les yeux et note-les dans un carnet. Garde-le précieusement et consulte-le régulièrement. Refais ce rituel lorsque tu ressens le besoin de faire le point avec toi-même.

21

LYNX

LE LYNX EST UN ANIMAL NOCTURNE DONT LE REGARD BRILLE DANS LA NUIT ET FASCINE. SON INTELLIGENCE EST COMME SES YEUX : PERÇANTE.

On dit du lynx qu'il est le gardien des secrets oubliés, du secret des magies disparues ainsi que du savoir occulte. Pourquoi ? Parce que le lynx ne dit rien, jamais. Il est le plus silencieux de tous les animaux qui frayent sous la lune. Certains pensent d'ailleurs que le sphinx au sourire énigmatique de l'Égypte ancienne était un lynx et non pas un lion...

Impassible, calme et pourtant guerrier, il enseigne le respect et la précaution. Les plumeaux de ses oreilles sont des antennes. Son ouïe est exceptionnelle.

Avoir tiré cette carte est une grande chance, car ce mystérieux animal incarne la lucidité et le discernement : il t'aidera à trouver et à comprendre ce qui est dissimulé, à déjouer les pièges. Grâce à lui, tu seras relié·e à la clarté du ciel.

Sans que tu le perçoives distinctement, le lynx va te protéger de la perfidie de tes semblables. Il te permettra de percevoir des images mentales te montrant ce que les autres te cachent et ce qu'ils cachent à eux-mêmes. Tu devineras leurs peurs, leurs mensonges, leurs aveuglements. Tu deviendras plus clairvoyant·e.

Ce félin aussi fascinant que bienveillant éclairera la pénombre et veillera sur toi quand tu emprunteras de nouveaux chemins.

Mon rituel

Ce rituel est destiné à te relier au lynx.

Installe-toi dans un endroit tranquille. Ferme les yeux et imagine que tu es dans une forêt. Une belle lune éclaire les bois. Pense fort au lynx. Appelle-le intérieurement, concentre-toi et attends... Au bout de quelques minutes, si tu te concentres bien, tu sentiras sa puissance, son énergie et sa vibration spirituelle.

Pense à une situation où tu pourrais avoir besoin de lui. Reste silencieux·se, laisse tes interlocuteurs se confier à toi, prends de la hauteur comme il le ferait. Tu vois la situation de plus haut, de plus loin ; tu es comme un·e juge de paix.

Tu peux répéter ce rituel autant de fois que tu le souhaites, dès que tu as une décision importante à prendre et que tu hésites. Dans ce cas-là, tu peux demander au lynx de venir te rejoindre pour te rendre plus clairvoyant·e.

Libre à toi de prendre le temps qu'il te faut pour continuer à sentir et à t'imprégner de son extraordinaire aura.

Ton rituel terminé, ouvre les yeux et reviens ensuite dans le présent. Remercie le lynx, ton précieux allié.

22

SALAMANDRE

BIEN QUE MÉCONNUE, LA SALAMANDRE EST LE PLUS INCROYABLE DE TOUS LES ANIMAUX NOCTURNES.

Elle mue plusieurs fois au cours de sa vie et produit une neurotoxine mortelle pour se défendre. Mais surtout, elle a la capacité de regénérer ses membres : sa queue repousse si elle est coupée, et sa peau se reforme si elle est brûlée.

C'est pourquoi la salamandre est associée au feu. Si elle a pu être assimilée à Satan en tant que gardienne du feu de l'Enfer, elle est devenue la gardienne du feu sacré, celui de l'âme, qui maintient la flamme sacrée en chacun de nous, nous pousse à nous élever, à nous cultiver, à nous améliorer. À l'inverse et parce qu'elle sait dompter les flammes, la salamandre sait nous éloigner du « mauvais feu », celui de la tentation.

Tirer cette carte signifie qu'une opportunité est sur le point de t'être proposée. Tu vas devoir te confronter à un changement radical, à une transformation profonde, qui est inéluctable. Cependant, tu ne sauras mettre à profit cette transformation que si tu es prêt·e. Quelque chose dans ta vie te fait douter, te cause du stress, te rend vulnérable ? Élimine ce doute, ce poison qui te paralyse ! Remplis ta vie avec de la bonté, de la positivité, du feu sacré ! Plus vite tu le feras, plus vite tu opéreras ta mue comme la salamandre le fait.

Ce « petit dragon » nocturne symbolise aussi le rajeunissement, la capacité de rebondir après les épreuves, de surmonter les blessures de la vie et la perte d'êtres chers : n'oublie pas qu'elle a la capacité de se régénérer.

Chez les Grecs, la salamandre était assimilée au mythe du phénix, cet oiseau capable de survivre au feu et de renaître de ses cendres. Elle signifie que le pouvoir de guérison est en toi : puise dans son feu sacré mais aussi dans ta force, tes ressources personnelles. Utilise ton intuition et tu rebondiras. L'esprit de la salamandre est là pour te redonner confiance et t'aider à t'épanouir dans l'adversité.

Mon rituel

Ce rituel va t'aider à prendre le temps de la réflexion afin de pouvoir avancer dans ta vie.

Assieds-toi dans un endroit où tu ne seras pas dérangé·e. Fais le point : qu'est-ce qui, dernièrement, t'a fait faire un mauvais choix ? Qu'est-ce qui t'a fait agir par facilité ? Qu'est-ce qui fait, par exemple, que tu as craqué, que tu as mis toutes tes économies dans ce sac hors de prix alors que tu avais épargné pour t'acheter cet ordinateur qui aurait rendu ton travail plus facile ? Vide momentanément ton esprit.

Imagine-toi replié·e dans une coquille vide, obsédé·e par ton désir de ce sac, du plaisir éphémère que ton achat t'a procuré. Invoque alors mentalement la salamandre, imagine son corps dans le tien. Elle va absorber le « mauvais feu » de la tentation et les pulsions négatives qui t'animent. Au fur et à mesure qu'elle te débarrasse de ce mauvais feu, tu retrouves le feu sacré, ton esprit rationnel et ton sens de l'équilibre.

23

PRINTEMPS

C'EST LA SAISON DE TOUS LES ESPOIRS,
LE SYMBOLE DE LA JOIE ET DU RENOUVEAU,
LE MOMENT D'OBSERVER ET DE CÉLÉBRER
LE RETOUR À LA VIE.

Les jours sont plus doux, plus animés et plus longs : ils sont de nouveau égaux aux nuits. La saison des amours commence chez les animaux ; certains sortent de leur hibernation, d'autres reviennent après une migration. Les plantes grandissent, les fleurs vont s'épanouir, c'est le début des semailles. L'équinoxe de printemps, célébré le 21 mars, marque une période de renaissance, celle qui donne envie de démarrer de nouveaux projets, de repenser son quotidien, de marcher en forêt, de faire des plantations au sens propre comme au sens figuré. C'est la saison de toutes les possibilités.

Mon rituel

La veille de l'équinoxe, place dehors un récipient d'eau toute la nuit pour capter l'énergie des rayons de la lune du 21 mars. Le lendemain, lave ton corps avec cette eau pour qu'il accueille le printemps. Ensuite, consacre ta journée à exprimer ta confiance envers le printemps si fécond. Fais une promenade, observe les plantes, célèbre Ostara, déesse de la Fertilité, comme les sorcières païennes : sur un autel (un petit espace qui t'est cher), dresse des fleurs de saison, des graines, des œufs peints…

24

ÉTÉ

ON A ENVIE D'ÊTRE DEHORS,
DE PROFITER DE LA LUMIÈRE, DE FAIRE
LA FÊTE... LE 21 JUIN INAUGURE
UNE SAISON REMPLIE D'ÉNERGIES.

Le 21 juin est le jour du solstice d'été, le jour le plus long de l'année, celui où le soleil exerce son pouvoir au maximum. Il marque le début d'une période de joie, où l'on célèbre l'arrivée de la chaleur et du bonheur, un moment pour danser et pour chanter. L'été t'apporte des énergies curatives et harmonieuses.

Mais le solstice est aussi un moment pour te purifier et te débarrasser des choses négatives, car il s'agit d'un jour puissant pour aligner ta vérité personnelle et tes croyances : l'énergie du soleil inspire l'action et la puissance.

Mon rituel

Il vise à se nourrir de la bonne énergie, celle du yang, dispensée par le Soleil d'été. Le matin du 21 juin, dans une coupelle que tu auras pris soin de mettre dehors ou près d'une fenêtre, dispose gâteaux et offrandes au soleil. Pense à éteindre les écrans qui se trouvent autour de toi pour ne pas brouiller le champ énergétique et allume une bougie. Fixe la flamme, sa force et, à travers elle, l'énergie du Soleil. Répète ces mots : « Je retiens l'énergie du Soleil pour la garder avec moi lors des mois les plus sombres. »

25

AUTOMNE

CETTE SAISON NOUS INVITE À FAIRE UNE PAUSE
POUR REMERCIER LA VIE DE TANT
DE RÉCOLTES ET DE JOIE. ON SE PRÉPARE
AU DÉPOUILLEMENT ET À L'INTROSPECTION.

L'automne annonce l'arrivée des nuits qui s'allongent et des températures hivernales. Cette période unique porte en elle une promesse, une nécessité : la nature va s'endormir pour renaître. Ce qui se passe dans la nature se produit également en toi ; tu as aussi le droit de ralentir le rythme, de lâcher prise. Une fabuleuse saison s'ouvre, propice à l'introspection : tu vas pouvoir t'occuper de toi, réfléchir à ton équilibre, à ce qui est juste et bon dans ta vie. Profite de ce moment doux et unique pour soigner ton corps ; tu le mets entre parenthèses afin qu'il reprenne des forces pour mieux renaître dans quelques mois et capte les bonnes vibrations de la nature qui s'éveille.

Mon rituel

Choisis un endroit tranquille chez toi et assieds-toi par terre. Allume un bâton de sauge blanche et balaie-le près de toi, des pieds à la tête, pour purifier ton corps. Dépose quelques feuilles mortes dans un bol d'eau. Note sur un morceau de papier tout ce dont tu souhaites te libérer, puis jette-le dans l'eau en disant à haute voix : « Je me libère de tout cela. » Continue à méditer le temps qu'il te faudra.

26

HIVER

**L'HIVER EST UNE PÉRIODE DE FIN DE CYCLE,
LE TEMPS DE LA MISE EN RETRAIT
ET DU RETOUR SUR SOI... POUR MIEUX
PRÉPARER LE RENOUVEAU!**

Le 21 décembre a lieu le solstice d'hiver, le jour le plus court de l'année. La pleine lune inonde la nuit qui suit et lui transmet ses bonnes vibrations. Cet événement symbolise la renaissance et le retour de la lumière : les jours vont s'allonger et la lumière revenir peu à peu. Car si tout semble mort et morne à l'extérieur, dans les entrailles de la Terre, la vie palpite… Célébrons cette force !

Tirer cette carte signifie que tu dois faire comme la nature : accepter de te « dépouiller » et faire un travail d'introspection. C'est le moment de faire le bilan afin de ne pas reproduire les erreurs du passé lorsque le temps du renouveau sera arrivé !

Mon rituel

Le jour du solstice, ouvre grand tes fenêtres et purifie ta maison. Fais entrer le soleil et la lumière, allume des bougies et des guirlandes lumineuses. Dispose sur ta porte une couronne de houx : elle protégera ton foyer et attirera les bons esprits. Si tu fêtes Noël, au lieu d'acheter un sapin arraché à la nature, récolte ce qu'elle t'offre, tels des végétaux tombés au sol qui décoreront ton intérieur.

27

ISTHAR

**DÉESSE DE L'AMOUR
ET DE LA GUERRE,
ISHTAR EST LA FILLE DE SÎN,
DIEU-LUNE.**

Elle a la faculté d'inverser les opposés. Elle est ambivalente, facteur d'ordre et de désordre, pouvant donner la vie comme la mort; fertile mais « vierge » au sens que l'Antiquité lui donne, c'est-à-dire libre et indépendante. Lorsqu'elle voulut entrer aux enfers pour ravir les pouvoirs de sa sœur, Ereshkigal, déesse des Morts, Ishtar dut retirer un vêtement devant chacune des sept portes. Elle fut emprisonnée, mais la procréation sur Terre n'étant plus possible sans déesse de l'Amour, Ereshkigal dut la relâcher. Aux portes qu'elle franchit de nouveau, Ishtar récupéra ses vêtements. Cet épisode symbolise la force féminine. Cette carte t'indique que tu es puissant.e, mais aussi qu'il est possible de reconquérir ce que l'on pense perdu. Ishtar est là pour te rassurer: dans son monde, une situation difficile est toujours suivie d'une renaissance.

Mon rituel

Installe-toi dans un endroit calme, un vêtement que tu aimes à tes côtés. Ferme les yeux et pense à ce que tu veux retrouver ou reconquérir. Un amour ? Un rythme de vie ? Comme Ishtar, réfléchis à ce dont tu vas devoir te dépouiller pour obtenir ce qui t'est essentiel. Sois fort·e et adapte-toi.

28

ARTÉMIS

DÉESSE DE LA NATURE SAUVAGE ET DE LA CHASSE, ARTÉMIS EST LA PROTECTRICE DES FEMMES ET DES ACCOUCHEMENTS.

Selon différentes mythologies, la lune est associée à trois déesses. Avec Hécate et Séléné, Artémis est l'une d'elles : son attribut est le croissant de lune, dévolu à la jeune fille, énergique et agile.

Artémis est puissante, rapide, entourée d'animaux, veillant sur les femmes. Mais dès lors qu'on s'oppose à elle, elle se montre vindicative et cruelle. Un seul homme lui plut, Orion, qui mourut de sa main. Les histoires varient : certaines racontent qu'elle le tua accidentellement d'une flèche ; d'autres que ce fut volontaire, parce qu'il l'avait blessée. Cette carte te recommande d'être prudent·e et patient·e : la précipitation peut détruire ce qu'on désire le plus, comme Artémis avec Orion.

Mon rituel

Installe-toi à l'extérieur, dans un parc, dans un jardin ou sur un balcon, auprès de cette nature qu'Artémis protège. Écoute le bruit du vent dans les feuilles, offre ton visage au Soleil, respire de longues minutes et pense à l'énergie que tu dépenses chaque jour pour réaliser tes projets, cette course contre la montre qu'est ta vie. Pense à ralentir, et tu retrouveras sérénité et créativité.

29

VÉNUS

**VÉNUS EST LA DÉESSE DE LA BEAUTÉ,
DE LA SÉDUCTION, DU RIRE
ET DE L'AMOUR.**

D'une grande beauté, bien disposée à l'égard des autres, elle représente l'amour sous toutes ses formes, du plus pur jusqu'à la luxure. Sensuelle et sachant utiliser ses charmes pour parvenir à ses fins, Vénus fut l'épouse infidèle de Vulcain, dieu des Volcans. Sa liaison avec Mars, l'un de ses amants, fut dévoilée par la trahison du garde de corps de Mars et lui valut la désapprobation des autres dieux et déesses. De cette histoire d'amour naîtra notamment Cupidon, dieu de l'Amour.

Cette carte indique que tu dois te réserver des moments d'indulgence avec toi-même, prendre soin de ce corps que la nature t'a donné, profiter des plaisirs de la vie et ne pas t'oublier.

Mon rituel

C'est le moment de t'offrir un moment de confort, rien qu'à toi, un instant beauté, physique et spirituelle, et de te concocter un « bain d'huile de Vénus » : celui-ci nourrira ta peau et ton âme des blessures et des trahisons passées. Dans un bol, mélange 1 cuillerée à soupe d'huile d'amande douce pour la beauté, 5 gouttes d'huile essentielle de lavande pour la bonne santé et 5 gouttes d'huile essentielle de sauge pour la longévité. Masse ton corps avec cette huile en insistant sur les parties les plus sèches.

ATHÉNA

DÉESSE DE LA GUERRE ET DE LA SAGESSE, ATHÉNA SYMBOLISE L'ÉQUITÉ.

Enfant préférée de Zeus qui lui fit don de son bouclier et de son arme, la foudre, c'est une guerrière d'une grande intelligence, à l'image de la chouette qui est un de ses emblèmes. Elle est « celle qui brille pendant la nuit », celle qui guide, tel l'astre lunaire.

Elle protège ceux qu'elle juge digne de son estime : elle offrit son aide à Hercule lorsqu'il entreprit ses douze travaux et aida Persée dans son combat contre la gorgone Méduse. C'est ainsi qu'elle obtint, en remerciement, la tête de la méduse qu'elle fixa à son bouclier pour pétrifier ses ennemis. Athéna est altruiste, cette carte t'invite à l'être encore plus.

Mon rituel

Fais brûler de l'encens ou une bougie et assieds-toi bien droit.e dans ton fauteuil préféré, quel que soit le moment de la journée ; il faut juste que tu aies du temps. Ferme les yeux et dresse l'inventaire de tes talents. Ils sont nombreux, mais tu ne sais peut-être pas les utiliser à bon escient. Invoque Athéna, à haute voix ou intérieurement, et demande-lui de t'aider à les exploiter au mieux, à ton bénéfice et à celui d'autrui. Sois comme elle, juste et généreux.se. Plus tu le seras, plus tu progresseras. C'est l'enseignement d'Athéna.

31

HÉRA

HÉRA EST LA DÉESSE DES FEMMES, DU MARIAGE ET DE LA MATERNITÉ.

Héra a pour emblème la grenade, symbole de fertilité. Majestueuse, digne et très soucieuse du regard des autres, elle est l'épouse de Zeus dont elle eut plusieurs enfants. Bien que courtisée par d'autres et confrontée aux infidélités de son mari, elle ne le trompa jamais et prit garde à ne pas mettre en danger son mariage. Cela ne l'empêcha pas d'être jalouse et de reporter sa colère sur ses maîtresses – mortelles, nymphes ou déesses – et ses enfants illégitimes. Très attachée aux siens et à préserver sa famille quoi qu'il lui en coûte, elle incarne la mère nourricière.

Mon rituel

Regarde bien Héra, sa stature droite et digne. Rassemble autour de toi autant de pierres que de personnes sur lesquelles tu peux vraiment compter. Le mieux est d'utiliser des cristaux pour profiter de leur énergie positive : quartz, améthyste, jade, cornaline… Si tu n'en as pas, réunis de simples cailloux. Regarde-les et concentre-toi. Prends conscience de la valeur que ces soutiens ont pour toi, même s'il te faut parfois faire des sacrifices pour les conserver. Veille à choyer ces relations. Enfin, remercie Héra pour son enseignement.

32

ISIS

DÉESSE REINE, ELLE EST LA PLUS BIENVEILLANTE DES DÉESSES LUNAIRES.

Isis est une grande déesse-reine, épouse de son frère, le dieu-roi Osiris. Parfaite représentation du féminin sacré, elle protège les femmes et les enfants – elle est souvent représentée allaitant. Elle détient les secrets des lois de la nature et sait faire revenir à la vie. Lorsque Osiris fut tué et dépecé par son frère Seth le fourbe, elle récupéra son corps, le ressuscita et s'unit à lui. De cet accouplement naquit Horus.

Fidèle, protectrice, astucieuse, prête à tous les sacrifices pour protéger ceux qu'elle aime, Isis t'engage à travers cette carte à faire face à tes responsabilités.

Mon rituel

Regarde avec attention cette carte et imprègne-toi de la bienveillance qui se dégage d'Isis. Songe à une décision que tu n'arrives pas à prendre : te lancer enfin dans cette activité qui te tient à cœur, mais dont tu repousses sans cesse l'apprentissage ? T'octroyer un peu de temps pour méditer ? Approfondir ta connaissance des rituels ? Ferme les yeux et écoute ce que te dit la si juste et pertinente Isis. Elle t'indique que rien n'est impossible si tu es honnête, déterminé·e et intègre...

33

DÉMETER

DÉMÉTER SYMBOLISE LA MÈRE ÉTERNELLE; ELLE EST AUSSI LA DÉESSE DE L'AGRICULTURE.

Déméter a pour fille adorée Perséphone, née de son union avec Zeus. La jeune femme fut enlevée par Hadès, dieu des enfers, qui en fit son épouse. Folle de douleur face à cette disparition, Déméter délaissa les moissons… Les hommes n'ayant plus de nourriture et les dieux plus d'offrandes, Zeus trouva un compromis : Perséphone pouvait retourner auprès de sa mère la moitié de l'année. Pour remercier ceux qui l'avaient aidée, Déméter leur offrit du blé.

Cette carte signifie la possible perte ou le départ de quelqu'un ou de quelque chose d'important pour toi. Pour que cette personne ou cette chose revienne, tu devras surmonter des obstacles.

Mon rituel

À la tombée de la nuit, place dans un contenant que tu aimes un produit de la terre issu d'une récolte (un fruit, un légume ou une herbe), puis expose-le à la lumière de la lune. Ferme les yeux et pense à quelque chose ou à quelqu'un que tu voudrais retrouver. Demande à Déméter de t'aider. Dis que tu es prêt·e à faire sacrifices et compromis. Laisse le contenant dehors toute la nuit, comme une offrande à la lune que tu auras le droit de manger au matin.

34

GAÏA

DÉESSE MÈRE, SOURCE DE TOUTE VIE, GAÏA EST LA PLUS ANCIENNE DES DIVINITÉS.

Gaïa est la Terre née du chaos, indissociable de la lune car maîtresse du temps. Avec Ouranos, elle engendra les Titans, les Cyclopes et les Hécatonchires, créatures monstrueuses qu'Ouranos emprisonna, au grand désespoir de Gaïa.
Très respectée, empathique et mesurée, écoutant toujours les différents partis mêlés à un conflit, Gaïa préside les mariages et récompense les hommes en leur donnant des enfants en bonne santé. Elle t'invite à te reconnecter à la Terre et à toi-même ; elle rappelle l'importance de s'enraciner. Elle est une incroyable source d'apaisement et permet de se sentir en sécurité.
Cette carte indique que tu es capable de protéger ce qui t'est précieux. Mais elle t'invite aussi à bien réfléchir avant de passer à l'action.

Mon rituel

Pratique un rituel de reconnexion. Installe-toi dans un endroit calme et aéré, où se trouve une plante. Concentre-toi sur ta respiration, ferme les yeux et répète sept fois : « Terre mère, merci de m'avoir fait naître en ton sein. » Tu te sens choyé·e, protégé·e par l'amour inconditionnel de Gaïa. Tu te sens plus à même de faire des choix en pesant le pour et le contre de chaque situation.

35

LILITH

TRÈS PUISSANTE, LILITH EST ASSOCIÉE AUX POUVOIRS DE LA LUNE NOIRE.

Née de la même terre qu'Adam, elle fut sa première épouse et se considéra comme son égale. Chassée de l'Éden et de l'humanité pour son refus de se soumettre, Lilith représente la face cachée de la lune. Elle symbolise le désir et le plaisir, mais aussi le renouveau, l'égalité des sexes, le pouvoir féminin et l'indépendance. Longtemps désignée comme une « mauvaise » femme, elle est aujourd'hui réhabilitée, considérée comme la première à s'être revendiquée l'égale de l'homme.

Tirer cette carte signifie qu'il te faut te lever, agir et faire place nette au renouveau, qu'importe l'opinion des autres.

Mon rituel

C'est un rituel destiné à appeler la nouveauté. Un soir de lune noire, isole-toi et demande-toi : y a-t-il des choses que tu souhaites voir renaître en toi ? Crée ton « journal de lune » : dans un carnet, inscris ton désir de nouveauté, puis précise ta pensée à l'aide d'illustrations, de photos… pour ancrer ton intention. Si tu souhaites, par exemple, t'affranchir du regard des autres et renouer librement avec celui ou celle que tu étais, colle des visuels liés à ce qui te fait te sentir toi-même. Ensuite, connecte-toi à Lilith et demande-lui de te donner la force de réaliser ton souhait.

36

KALI

KALI ILLUSTRE À LA FOIS L'ÉNERGIE CRÉATRICE ET DESTRUCTRICE.

Ses huit bras représentent le cycle complet de la création et de la destruction, contenus en elle. Ses trois yeux symbolisent le Soleil, la lune et le feu, avec lesquels elle est capable d'observer le passé, le présent et le futur.

À travers son histoire, Kali symbolise les luttes intérieures que les humains doivent mener au quotidien : un jour de liesse, elle fut si heureuse qu'elle dansa frénétiquement, piétinant à mort son époux, Shiva. Elle te met aussi en garde : si tu t'engages dans un combat ou un projet, tu dois être conscient·e qu'il peut t'amener à faire des sacrifices ou à voir s'éloigner quelque chose ou quelqu'un de cher.

Mon rituel

Ce rituel a pour but d'attirer les bonnes énergies tout en éloignant les mauvaises. Tu peux utiliser du bois sacré de palo santo, dont on trouve des fragments dans les herboristeries, ou un bâton de sauge blanche. Brûle-le dans une coquille d'ormeau – ou un récipient que tu aimes. Porte-le en faisant le tour de la pièce ou de la maison : tu la rempliras d'énergie. Tu peux aussi disperser la fumée avec une plume afin d'attirer les bonnes vibrations.

37

HÉCATE

AVEC SÉLÉNÉ ET ARTÉMIS,
HÉCATE FAIT PARTIE DE LA TRIADE
REPRÉSENTANT LA LUNE.

Cette triple déesse a trois visages : celui de la jeune fille, celui de la femme et celui de la vieille femme. Cette dernière est incarnée par Hécate. Pour certains, elle est manipulatrice et séductrice ; pour d'autres, elle est sage, riche d'expériences et de savoirs.
Recluse dans les grottes des enfers où son autorité est incontestée, Hécate est la déesse des Carrefours, le lien entre monde des vivants et monde des morts, ainsi que des carrefours des choix de vie : elle oriente les hommes méritants vers la sagesse et la richesse.
Cette carte t'invite à analyser tes expériences passées pour en tirer des enseignements et à faire preuve d'introspection pour prendre les bonnes décisions.

Mon rituel

Effectue ce rituel de préférence lors d'une nuit de dernier croissant, représenté par Hécate. Sur une feuille, inscris trois erreurs que tu as faites – si tu as tiré cette carte, c'est que quelque chose te retient dans le passé et t'empêche d'aller de l'avant. Pose le papier à côté de la carte et balaie ton regard de l'un à l'autre, en demandant à Hécate de t'aider à analyser tes erreurs. Ferme les yeux, écoute ton intuition. Tu parviendras à envisager plus positivement l'avenir.

38

SÉLÉNÉ

SYMBOLISANT LA FEMME
ET LA MÈRE DANS SA PLÉNITUDE,
SÉLÉNÉ FAIT PARTIE
DE LA TRIADE LUNAIRE.

Artémis représente le premier croissant de lune, Hécate, le dernier croissant, et Séléné, la pleine lune, la plus puissante. Veillant avec bienveillance sur le sommeil réparateur des mortels, Séléné symbolise aussi le dévouement, la tendresse, la patience, l'intuition et la créativité. De son union avec le mortel Endymion naquirent cinquante filles, les Ménés, qui président les cinquante mois du calendrier lunaire séparant deux sessions de jeux Olympiques.

Cette carte a pour but de t'aider à développer ta conscience spirituelle et à cultiver ta plénitude. Sous la protection de Séléné, profite de la bonté des forces lunaires.

Mon rituel

La pleine lune, qui a alors le visage de la bienveillante Séléné, est le moment idéal pour recharger tes outils spirituels. Sors cristaux, bols tibétains, pendules, bijoux protecteurs…, tout ce qui présente pour toi un caractère sacré. Donne une intention à chaque objet, puis place-les dehors ou près d'une fenêtre pour la nuit. Lorsque tu te couches, remercie Séléné. Le lendemain, remercie-la de nouveau pour avoir veillé sur tes objets. Il n'est pas impossible que tes intentions commencent à se réaliser à la prochaine pleine lune...

Direction de la publication :
Isabelle Jeuge-Maynart et Ghislaine Stora

Direction éditoriale :
Nathalie Viard

Édition :
Maud Rogers

Lecture-correction :
Élise Lejeune

Direction artistique :
Géraldine Lamy

Conception graphique :
Valentine Antenni

Adaptation graphique et mise en pages (cartes et livre) :
Karine Nayé Roy

Fabrication :
Donia Faiz

ISBN : 978-2-38-375035-2
Imprimé en RPC
Dépôt légal : octobre 2022
331826/01 – 11051112 – mai 2022